LES
PROGRÈS DE L'ESPRIT

OU

LE DUEL DÉFINI,

CONSÉQUENCE DE LA RÉFORME ÉLECTORALE.

Chaque Brochure : 50 cent.

Par l'Auteur de LA NOUVELLE LUMIÈRE, vol. in–8 ; de la Pierre philosophale ; de la Clef du bonheur ; du Pouvoir expirant ; du Paradis
sur terre ; du Triomphe de la liberté ; de l'Ami du genre
humain ; de la Conversion de la rente ; du Mouvement perpétuel ; et de la Réforme
électorale.

ENSEMBLE CONTENANT 2455 ARTICLES.

Prix : 8 fr. 50 cent.

LE POUVOIR EXPIRANT,
Forte brochure in-8 : 1 fr.

PARIS

Chez l'AUTEUR, rue Bourbon, 71.

10 JUIN 1839

AVIS.

Ces principes ont eu pour résultat la suppression de la loterie et des maisons de jeu. (Voyez l'art. 402 de la Pierre philosophale.)

Plus, de la peine de mort pour voies de fait, parce qu'il n'y a pas d'effet sans cause. (Art. 190 et 192 du Triomphe de la liberté et 1648 du Pouvoir expirant.)

Plus, une proposition contre le taux de l'argent, appuyée par les députés les plus marquants, et que c'est par cette raison qu'il n'y a pas eu de condamnation pour usure depuis 1834.

Les mots en lettres italiques renvoient au sommaire ou à la table de la Nouvelle lumière.

Nota. La publicité des écrits contre les abus du pouvoir devenant impossible par la voie des journaux, on ne peut éclairer les amis du peuple que par les distributions à domicile, pour en faire part à ses correspondants, soit en pays étranger ou dans les départements. (Voyez l'art. 383 de la Réforme électorale.)

On expédie pour tous les pays en envoyant un mandat sur la poste.

Remise du 1/4 en prenant 4 exemplaires complets, ou 24 brochures pour 9 francs.

IMPRIMERIE DE DUCESSOIS,
Quai des Augustins, 55.

LES

PROGRÈS DE L'ESPRIT

SOMMAIRE.

Réforme électorale.

Voyez les articles 1, 52, 39, 313, 402, et 695 de la Nouvelle lumière ; 1619, 1648, 1650, 1677, 1694, 1696, 1697, 1709 et 1710 du Pouvoir expirant ; *voyez* le Paradis sur terre comme principe.

131, 132, 141, 148, 149, 151, 153, 154, 182, 183, 190 et 236 du Triomphe de la liberté : plus, l'art. 50 de l'Ami du genre humain.

138, 197 et 199 de la Conversion de la rente.

237, 238, 239, 240, 244, 255, 257, 268, 277, 281, 282, 285, 293, 315, 319 et 320 du Mouvement perpétuel.

Moyens de faire disparaître toutes les maladies secrètes qui existent sur toute la surface du globe en peu de temps, en supprimant un seul préjugé.

Voyez les art. 1357, 1358 et 1359 de la Pierre philosophale ; 321, 322 et 323 du Mouvement perpétuel.

La cause du mal et son remède.

Voyez les art. 96, 312, 743, 1031 et 1141 de la Nouvelle lumière ; 1340 de la Pierre philosophale ; plus les art. 1142 et 1464 de la Clef du bonheur, et l'art. 18 du Paradis sur terre ; les art. 190 et 192 du Triomphe de la liberté.

Dieu n'est plus un mystère.

Voyez les art. 919 et 1026 de la Nouvelle lumière ; 1436, 1497 de la Clef du bonheur ; 1510, 1511, 1548, 1618, 1622, 1678 et 1681 du Pouvoir expirant; l'art. 100 du Paradis sur terre, et l'art. 416 de l'Ami du genre humain.

Nous vivons dans l'erreur.

Voyez les art. 235, 238, 256, 281, 406, 558, 571, 903 de la Nouvelle lumière ; 1649 du Pouvoir expirant, et l'art. 29 de l'Ami du genre humain.

Il n'y a pas d'usuriers dans Paris.

Voyez les art. 85, 88, 90, 91, 366, 368, 460, 479, 480, 569, 691, 695, 892 et 999 de la Nouvelle lumière; 1291 de la Pierre philosophale ; 1541 du Pouvoir expirant; 200 du Triomphe de la liberté ; 128 de l'Ami du genre humain ; 138 de la Conversion de la rente.

L'amour et la jalousie guéris à l'instant.

Voyez les art. 5, 25, 28, 46, 62, 81, 134, 145, 183, 187, 163, 266, 318, 506, 655, 789, 880, 1069, 1072, 1084 de la Nouvelle lumière ; 1403, 1474 de la Clef du bonheur ; 61, 99 du Paradis sur terre ; 165, 173, 231 du Triomphe de la libeté ; 2, 13, 37, 41, 71 et 114 de l'Ami du genre humain: 160, 227 de la Conversion de la rente, et 314 du Mouvement perpétuel.

Le duel défini.

Voyez les art. 503, 790 de la Nouvelle lumière ; 46, 60 de l'Ami du genre humain; 178, 193, 208 de la Conversion de la rente.

Les moyens de tripler et quadrupler sa clientelle pour toujours et en peu de temps.

Voyez les art. 39, 778, 989, 999 de la Nouvelle lumière;

1312 de la Pierre philosophale ; 191 du Triomphe de la liberté; 125, 128 de l'Ami du genre humain; 209 de la Conversion de la rente ; 313 du Mouvement perpétuel ; *voyez* Usuriers.

La liberté pour les bons républicains, dont les mauvais sont épouvantés.

Voyez les art. 47, 52, 313, 511 de la Nouvelle lumière ; 1352 de la Pierre philosophale ; 126 du Triomphe de la liberté ; 125 de l'Ami du genre humain ; 203, 229 de la Conversion de la rente, et 348, 349 de la Réforme électorale.

Moyens de convertir le plus mauvais sujet.

Voyez les art. 401, 1144, 1211 de la Nouvelle lumière ; 1518 de la Pierre philosophale ; 1385 de la Clef du bonheur ; 1598, 1709 du Pouvoir expirant ; 141, 167, 211, 251 du Triomphe de la liberté ; 12, 79, 130 et 136 de l'Ami du genre humain.

Moyens d'avoir une dot et un mari fidèle quand on n'a rien.

Voyez les art. 732, 891 de la Nouvelle lumière ; 1458 de la Clef du bonheur ; 19, 41, 116 du Paradis sur terre ; 157, 209, 215, 223, 224 du Triomphe de la liberté; 61, 81 de l'Ami du genre humain ; 161 de la Conversion de la rente ; 249 et 300 du Mouvement perpétuel.

Le bonheur sans argent.

Voyez les art. 42, 273, 487, 1065, 1056, 1104 de la Nouvelle lumière ; 1293 de la Pierre philosophale ; 1502 du Pouvoir expirant ; 102 de l'Ami du genre humain ; 187 de la Conversion de la rente.

407

La même dose de *bonheur* et de bon sens existe

dans toutes les classes quand on ne rend pas jus
tice , puisque la nature ne favorise pas plus le fils
du plus grand souverain de la terre , que le fils
du dernier des sujets , et que l'on ne peut obéir
à celui qui dit et fait plus mal que nous.

Autrement, le bon sens se trouvant dans les
richesses et grandeurs, quand on nomme les plus
justes et les plus capables pour être députés, c'est
l'intérêt général , vu que le bon exemple tient
lieu de bon sens , et que le bon sens pense moins
pour lui que pour nous par reconnaissance.

408

Si chacun est *responsable* de ses actions, excepté
les fous , pourquoi les rois et les ministres ne le
seraient-ils pas comme un simple particulier ou
un général , puisqu'on ne craint rien quand on fait
bien et que l'on peut faire tout le mal possible
quand on est inviolable et sacré?

409

Si nos *vaisseaux* à voiles ou à vapeur ne peuvent plus marcher quand le charbon manque ou
que le vent est contraire , pourquoi ne ferait-on
pas tourner des grandes roues dans la carcasse
d'un bâtiment comme on les fait tourner dans une
montre de femme? Parce qu'on n'est plus le pre-
mier quand on fait en grand ce que les autres font
en petit.

410

Quand *Napoléon* dit aux vainqueurs de l'E-
gypte : *Du haut de ces monuments quarante
siécles vous contemplent*, n'est-ce pas le cas de
dire que des riens sont beaucoup quand la répu-
tation est faite, et que les choses qui disent beaucoup ne sont rien lorsqu'elle est à faire, par la
raison qu'il n'y a que des êtres animés qui peuvent contempler?

411

Quand un mari quitte sa femme et qu'elle en
devient folle, comme l'amitié est souvent la cause
de sa folie, et qu'il suffit de faire une mauvaise
action ou de ruiner sa femme en apparence pour
être un monstre, ne trouvant pas d'effet sans
cause, l'amitié et la *folie* disparaissent quand le
mépris est arrivé.

412

Si le juste qui tient lieu de tous, est contraire
aux rois, parce qu'on ne peut obéir à celui qui
dit et fait plus mal que nous, les rois, ne pouvant
avoir que des esclaves, des ignorants ou des gens
de mauvaise foi pour *ministres*, tout marchant
par l'exemple du mal et ne pouvant le suivre ni
s'y opposer sans inventer des supplices, vaut-il
mieux voir tous les contribuables courir aux élec-

tions, pour nommer les plus justes et les plus capables, que de se laisser prendre la moitié de son travail ou de son revenu sans avoir le droit de se plaindre?

413

Pourquoi fait-on exister son *bonheur* ou son malheur dans le bien ou le mal qu'on a sous les yeux? Parce qu'on souffre quand on ne voit que bien mal acquis ou passe-droit, et qu'on se trouve soulagé quand ils éprouvent des revers, puisqu'ils se réjouissaient, par la même raison, des malheurs d'autrui; sous ce rapport, on est moins heureux ou malheureux par comparaison que par les in-justices.

414

Comment expliquer que les hommes *naissent* avec une partie de leurs vices et de leurs vertus, et que l'autre partie les attend dans le cours de leur vie comme un brigand nous guette au coin d'un bois, ou comme une maîtresse qui attend son amant? Parce que l'on naît avec plus ou moins de bon sens, et que l'hérédité fait naître tous les vices possibles, et que le plus juste et le plus capable sur le trône de la raison peut convertir les plus mauvais sujets.

415

Pourquoi les *rois* sont-ils entourés de grilles et gardés comme des criminels? Parce qu'ils sont

la cause du mal, et qu'il n'y a que le peuple pour
faire justice quand ils sont inviolables et sacrés.

416

Quand on est ou que l'on se croit autant qu'un
roi , n'aurait-on qu'une *qualité* et les autres
mille, dès l'instant qu'ils n'ont pas la nôtre, nous
sommes plus qu'eux quand on se borne à leur
faire voir cette qualité qui n'est pas en eux.

417

Si un président, nommé par la souveraineté du
peuple, dépend de nous, dépendant de lui quand
il fait bien et dépendant de nous quand il fait
mal, les rois ne seraient jamais tyrans s'ils pou-
vaient être remplacés comme un *président*.

418

Si l'habitude des ténèbres fait que l'on se trouve
tout ébloui quand il arrive un trait de lumière,
ce trait de lumière venant d'en haut quand tout
est dans l'ordre, l'ordre n'existant pas, il n'y a
que le peuple pour rétablir l'*ordre*, quand nos
souverains maîtres causent le désordre.

419

Quand on dit qu'il faut laisser le monde tel
qu'il est, et que changer nos *habitudes* c'est
changer la nature même, ne ferait-on pas mieux
de dire qu'on ne peut rien changer avec l'exemple

du mal, mais qu'on peut tout changer avec l'exemple du bien , sans morale , ni châtiment , ni autorité ?

420

Pourquoi trouve-t-on peu de *serviteurs* fidèles ? Parce que , dès l'instant qu'un chef n'est pas tel qu'il devrait être , il faut qu'il laisse faire le mal sous peine d'être démasqué , comme bien de gens soutiennent et démasquent les vices du pouvoir pour le faire contribuer, lesquels se réconnaissent , quand ils cessent de le soutenir, ou quand ils l'ont bien décrié et qu'ils finissent par se taire.

421

Quand on dit que le père , le fils et le saint-esprit ne font qu'un , cela n'explique pas le *mystère* de la sainte trinité. Cependant, l'esprit, c'est les quatre éléments divisés qui ne sont rien par eux-mêmes puisque tout en est composé ; le père, c'est les quatre éléments réunis pour former l'objet le plus petit, dont le fils est un produit.

422

Si l'*univers* est formé des quatre éléments qui ne sont rien par eux-mêmes, les plantes produisant de l'eau qui , pompée par le soleil et attirée par la terre quand le soleil se cache, et retombant sur un terrain en pente et mouvant entre deux

solides, forment les ruisseaux, les montagnes et
les rivières qui s'arrêtent dans la plaine pour
former la mer ; car tout ce qui n'est pas pente
doit former une eau stagnante, laquelle est deve-
nue salée par les volcans, comme un bouillon
réchauffé à chaque instant. Donc, les volcans se
sont formés, comme une meule de foin s'enflamme
d'elle-même après avoir été mouillée. (Voyez
*l'Univers et l'Évangile retournés de la Nouvelle
lumière*).

423

Quand l'art. 3 de la *Charte* nous dit que tous
les Français sont également admissibles aux em-
plois civils et militaires, cela ne peut être que
suivant le mérite, puisqu'on ne peut obéir à celui
qui dit et fait plus mal que nous. Or, la Charte
bien entendue ne veut pas de l'hérédité, vu qu'il
n'y a pas un roi sur la terre qui pourrait se dire
le plus juste et le plus capable de son royaume.

424

Que nos souverains maîtres soient justes ou
qu'ils ne le soient pas, toutes les actions des peuples sont les *actions* des rois, excepté la force du
bons sens, qui ne copie pas les mauvaises actions
des grands.

425

S'il n'y a pas d'effet sans cause, obligé de punir

nos mauvaises actions avec l'exemple du mal sous peine de guerre civile, n'est-ce pas une tyrannie de condamner le fait quand la *cause* est inviolable et sacrée ?

426

Si le droit de l'homme se trouve dans l'art. 3 de la Charte, comme principe de la réforme électorale, et qu'il suffise de l'exécuter pour que la cause du peuple soit gagnée ; pour savoir si nos *journalistes* les plus démocrates ne sont pas aristocrates, il faudrait pouvoir en trouver un qui se soit appuyé sur cet article, ou qui ait fait connaître à la nation ses véritables défenseurs, sans d'autres espèces d'intérêts que ceux d'être utiles à l'humanité, chose dont ils se garderaient bien, puisque les uns sont payés pour soutenir les vices du gouvernement, les autres pour garder le silence ; donc, les plus charlatans découvrent les petits défauts du pouvoir, pour masquer les grands.

427

On ne devrait pas maudire les injustices des hommes, ni les fortunes mal acquises et passe-droit, puisque nous voyons avec *indifférence* les plus justes et les plus capables mourir dans un grenier ou à l'hôpital.

428

Le *duel* étant une vertu pour celui qui a raison

quand on ne rend pas justice , pour l'un comme pour l'autre , c'est un crime quand elle est rendue sans qu'il en coûte ; puisque eelui qui a droit a reçu satisfaction sans bourse délier , quand l'autre est condamné soit à la prison ou à payer les frais.

Autrement , celui qui a raison est obligé de se faire justice lui-même , quand il n'a pas d'argent pour faire les frais ; — ou quand il ne veut pas en être pour son argent , soit qu'il gagne ou perde son procès.

429

Quand un *duel* a lieu , l'un a droit et l'autre ne l'a pas , à moins qu'ils aient tout deux tort ou raison ; mais comme cela n'est pas un mal que de punir ou de blesser celui qui a tort , et que c'en est un que de punir ou de blesser celui qui a raison , on ne doit jamais condamner celui qui a raison , bien qu'on doive rechercher la cause , puisqu'il n'y a pas d'effet sans cause.

430

Quand celui qui a tort veut avoir droit , que doit faire celui qui a raison , lorsqu'on ne lui rend pas justice , surtout s'il ne peut prouver le crime de son adversaire, s'il n'a pas d'argent pour faire les frais , ou s'il ne veut pas changer du bon argent contre du mauvais? Il faut se venger soit en présence ou en cachette, puisqu'il faut que justice se fasse. Bien qu'il n'y aurait bientôt plus de güerre, ni *duel*, ni procès, si le plus juste et le plus capable était assis sur le trône de la raison pour faire rendre justice sans qu'il en coûte.

431

Ne pouvant juger quand on ignore la cause, il vaut mieux sauver un coupable que de condamner un innocent; par la raison que tout se découvre tôt ou tard, et que le mal se détruit de lui-même quand on rend justice. (Voyez *duel*.)

432

Pourquoi le duel est-il défendu quand les rois ne terminent leurs différends qu'à coups de canon? Parce que dès l'instant que l'on nous excite à nous battre par l'exemple et qu'on nous le défend par une loi, l'homme devenant bête et méchant, n'est-ce pas un bon moyen d'avoir des armées pour faire des esclaves sans volonté, puisque la guerre est une vertu pour les rois qui ont tort, quand le *duel* est un crime pour ceux qui ont raison?

433

S'il faut faire justice soi-même quand on ne la rend pas, qui est-ce qui voudrait s'exposer à recevoir une balle ou un coup d'épée si on la rendait sans qu'il en coûte? Autrement, défendre le *duel*, c'est dire aux hommes: *insultez tout le monde et ne rendez raison à personne.*

434

Quand un faiseur de dupes prétend payer ses dettes avec la pointe de son épée, ne pouvant pas toujours risquer sa vie tout en perdant son argent, on finit par faire des dupes à son tour, puisque nous sommes bientôt ruinés, quand on nous trompe toujours et qu'on ne trompe jamais. (Voyez *duel.*)

435

En fait du *duel*, les témoins sont en dehors de la question, vû qu'on se battrait sans eux si on les rendaient responsables, et que l'on ne pourrait plus reconnaître l'assassin d'avec le duelliste.

436

Pourquoi le duel est-il toléré dans un temps et défendu dans un autre? Parce que c'est un crime pour celui qui a tort, soit qu'on rende ou qu'on ne rende pas justice; et que c'est une vertu pour celui qui a raison quand elle n'est pas rendue sans bourse délier. (Voyez *le sommaire de cet ouvrage, duel défini.*)

437

S'il est difficile de trouver une de nos actions

qui ne soit pas contraire à la raison quand le juste est contraire aux rois , les lois étant établies d'après le mauvais exemple qui fait nos mauvaises habitudes prises pour nature , comment bien rendre un jugement sans rechercher la cause , puisque le *droit* est vicieux et que le fait est innocent ?

438

La *souveraineté* et la justice émanent du peuple , en nommant à haute voix les plus justes et les plus capables pour être députés ; lesquels doivent nommer les ministres responsables et leur président , comme les ministres doivent nommer le président du conseil , de manière à être gouverné par la volonté d'un seul. Bien que le peuple reprend ses droits dès l'instant que les présidents , les ministres ou les députés font abus de leur pouvoir.

439

Si on se cache pour faire le mal et rarement pour faire le bien, pourquoi emploie-t-on le *vote* secret ? Parce qu'en faisant connaître sa pensée on ne pourrait manger à deux râteliers.

440

Pourquoi les révolutions contre les rois tournent-elles toujours en faveur de l'abus du pouvoir ? Parce qu'on ne peut soutenir une mauvaise cause que par la ruse ou la force brutale , et que la *cause* du peuple doit être soutenue avec les armes de la raison , puisqu'elle nous sépare des bêtes.

441

On dit que les hommes sont difficiles à *connaî-tre*. Etudiez leur figure en leur mettant un bon livre sous la main , ou en leur parlant de rendre les hommes meilleurs et plus heureux , le bon sens et la bonne foi reprendront leur figure de bonheur , le sens commun sera frappé , et celui qui en est privé rira sous cape ; tandis que l'hy-pocrite voudra paraître content quand sa figure dira le contraire ; donc , le fripon cherchera à s'esquiver comme un échappé du bagne lorsqu'il rencontre des gendarmes.

442

Pouvant dire d'une manière et agir de l'autre avec le vote secret , et ne le pouvant pas à haute voix sous peine d'être maudit , le *vote* secret ne convient à personne en général , et convient presque à tout le monde en particulier.

443

S'il est difficile de trouver une de nos actions qui ne soit pas contraire à la raison , tâchez d'en trouver une dont la *difficulté* ne serait pas levée, en supprimant le droit de succession aux richesses et grandeurs non méritées , puisque l'hérédité fait naître l'erreur et tous les vices possibles.

444

Que font les rois pour avoir des hommes contraires à la majorité d'une nation ? Ils leur suffit d'en nommer de meilleurs pour la forme , pour que les autres se cachent et agissent derrière le *rideau* comme les capitalistes.

445

Quand la raison n'y est pour rien et que la force fait la loi , bien que les jolies femmes et les prêteurs d'argent soient très-recherchée , les jolies *femmes* corrompent les mœurs , et les prêteurs d'argent sont des monstres ; parce qu'il y a plus de remèdes d'amour et d'emprunteurs que de jolies femmes et de prêteurs.

446

Que faut-il faire pour être honnête homme dans une grande ville ? Il suffit de bien payer son propriétaire et son portier , pour faire d'un fripon un honnête homme , bien que le plus honnête homme du monde. Qui ne graisserait pas la main à l'un et qui ne voudrait pas supporter une augmentation de l'autre , serait , en fait de *renseignements* , plus méprisable qu'un faiseur de dupes.

447

La réunion des hommes de lettres a pour but
le droit d'*auteur*, bien que pas un n'a encore mis
le doigt sur la plaie ; cette plaie, c'est l'abus du
pouvoir qui s'empare des plus belles découvertes
dans les arts et dans les sciences, de manière à
réduire le droit d'auteur à zéro ; donc il est utile
de s'adresser aux chambres à ce sujet, puisque
sans cause il n'y a pas d'effet ; autrement, tenter
un procès à un particulier, soit pour une repro-
duction ou une contrefaçon, c'est couper des
branches qui finissent toujours par repousser tant
qu'on n'attaque pas la racine.

448

A quoi bon d'encourager les arts et les sciences
si les *contrefaçons*, par l'exemple, font naître les
duels et les procès qui rapportent au pouvoir en
divisant les esprits pour régner ?

449

Si le bon sens, qui tient à la bonne constitution,
préfère l'exercice du corps aux travaux de l'esprit,
l'homme mal constitué préférant les travaux d'esprit aux exercice du corps, celui qui se croit de
l'*esprit* n'en a pas, et celui qui ne croit pas en
avoir en a.

450

En fait de questions d'état, peu d'hommes ont

estimé les choses à leur véritable valeur et avec autant de logique que **M.** de *Cormenin*, bien que les ministres seront toujours contraires à la cause du peuple ; et leur responsabilité sera toujours idéale , tant qu'ils seront nommés par le roi et jugés par les pairs ; à moins que le peuple ne se porte en masse au Luxembourg, comme il a fait pour les ministres de Charles **X.**

451

Si cela ne sert à rien d'indiquer le mal , sans découvrir la cause ni le remède du mal, les faux *défenseurs* du peuple gardant le silence quand il faut se montrer , ceux qui font le contraire ne peuvent se vendre pour des places ou pour de l'argent, puisqu'ils donneraient des armes pour se faire battre , en publiant les moyens qu'on emploie pour manger à deux râteliers sans se compromettre.

452

Pourquoi les ministres font-ils semblant de ne plus vouloir salarier nos *journalistes* ? Parce que c'est pour ceux-ci une chose due quand ils ont l'habitude de recevoir, et qu'on les force à être reconnaissants quand ils sont affamés et qu'on leur donne la pâtée.

453

Une mauvaise cause ne pouvant être soutenue

que par la ruse ou la force brutale, en corrompant les hommes pour les gouverner, comment voulez-vous conserver la majorité de ceux qui ont juré de soutenir la cause du peuple , quand le *vote secret* leur permet d'accepter des places ou de l'argent sans se compromettre ?

454

Nos *journalistes* se moquent du peuple, quand ils veulent faire marcher de pair la réforme électorale et la couronne héréditaire ; puisque la réforme accordant tout au mérite, le mérite n'a-t-il pas le droit de dire à l'hérédité, qui fait naître tous les vices possible : *Retire-toi de là que je m'y place?*

455

Voulez-vous boire le *vin* à deux sous la bouteille dans Paris? retirez les quarante-cinq francs d'entrée sur une pièce de vin de trente francs; le gouvernement aura encore pour lui un sixième sur le revenu des terres, et un sixième sur les maisons, sans parler de patente, de monopole , de contribution et de toutes les industries qui sont frappées d'impôts.

456

Quand on prélève la moitié de toutes les dépenses du riche comme du pauvre , quel est le *député* qui refuserait de prendre le parti de la cour, si on lui proposait la remise de la moitié de toutes ses dépenses ? bien qu'il ferait plus avec cinq francs qu'il ne fait aujourd'hui avec dix, s'il entrait dans l'intérêt du peuple.

457

Dans l'ordre voulu, on doit prendre les plus justes et les plus capables pour ministres ; or, les plus justes et les plus capables étant la cause du bien, la cause du bien contraire à celle du mal, les rois par la grâce de Dieu, qui veulent gouverner, ne peuvent avoir que des esclaves, des ignorants ou des gens de mauvaise foi pour *ministres*.

458

S'il suffit de quelques condamnations pour faire disparaître toutes les *maladies secrètes* qui existent sur toute la surface du globe, pourquoi ne met-on pas cette découverte en pratique, puisque tout le monde en serait exempt en supprimant un seul préjugé? d'autant plus qu'on n'a jamais consulté les peuples pour doubler les impôts, faire de mauvaises lois, en excitant la guerre civile et lever des armées pour s'y opposer.

459

Si on peut faire disparaître cette vilaine *maladie* qui nous vient de l'Amérique en supprimant un seul préjugé, si ce préjugé existait parmi les filles, il cesserait d'exister parmi les vertus farouches.

460

On peut faire disparaître cette vilaine *maladie*, mais comme la personne qui l'aurait communiquée à d'autres pourrait dire que c'est l'accusateur qui lui a fait ce beau cadeau, ne pouvant se plaindre sans sujet et ne pouvant deviner cette maladie si on ne l'avait pas trompée; l'accusateur devant avoir gain de cause d'après l'expertise, c'est une raison pour dénoncer de suite la personne qui l'aurait communiquée. (*Voyez les articles* 321, 322 *et* 323 *du Mouvement perpétuel.*)

461

En fait de conversion de rente sur l'état, beaucoup de députés parlent sans savoir, puisque les *rentiers* ne peuvent retirer leur argent, quand même on réduirait la rente à trois pour cent, par la raison qu'il n'y a que trois moyens de placer: dans le commerce, sur l'état ou sur propriétés; or, ne pouvant placer dans le commerce quand on ne peut compter sur personne, ni sur propriétés parce qu'elles sont trop chères et qu'elles diminueraient de moitié si la confiance était rétablie, il est donc utile de la rétablir avant le remboursement, pour pouvoir placer et acheter des terres ou des maisons avec sécurité.

462

Si l'ignorance fait le crime, on peut dire que

l'ignorance est à droite, le bon sens à gauche, et le sens commun est au centre, par la raison que les députés de la cour abandonneraient leur cause pour soutenir celle du peuple, si le pouvoir n'avait plus à sa disposition les places, l'argent et la force brutale ; tandis que les vrais *défenseurs* du peuple n'ont rien à espérer tant que la cause du peuple ne sera pas gagnée. Donc, les hommes du centre ne savent que faire, quand l'intérêt dit d'aller à droite et que la conscience veut le contraire.

463

La plus mauvaise *position* pour le commerce et la classe ouvrière, et la meilleure pour ceux qui veulent faire pencher la balance, n'importe de quel côté pourvu que cela entre dans leur intérêt ; c'est une lutte continuelle à force égale entre le peuple et le gouvernement. Car en supposant que l'une ou l'autre cause vienne à triompher, les intrigants se réduisant à zéro, le commerce et le travail reprennent leur activité, comme homme libre ou esclave sans volonté.

464

D'où viennent ces *terreurs paniques* en pays ennemis tout en se reposant sur ses lauriers? Parce que la moindre chose nous épouvante, quand la conscience nous dit tout bas : *Tu viens de tuer et piller tes voisins sans sujet ;* chose qu'elle ne dit pas quand on est chez soi ; puisque c'est une vertu que de défendre son pays, comme on se défend dans sa maison contre des voleurs, et que le moindre bruit les épouvante.

465

L'*homme* bien constitué qui pourrait se passer de la bourse, des travaux et de la raison d'autrui, pourrait être à peu près bien en ce bas monde, s'il ne tenait à personne, et qu'il fût de l'avis de tout le monde.

466

Il y a deux sortes de *liberté*: la licence, qui nous oblige à reprendre nos chaînes de force ou de bon gré ; l'autre, c'est la soumission au mérite, puisqu'il exécute notre volonté quand on fait son bonheur en lui rendant justice, et qui pense moins pour lui que pour nous par reconnaissance.

467

Le mérite se trouvant dans les richesses et grandeurs quand on rend justice, les *conséquences* sont les mêmes pour celui qui trahit la cause du peuple pour des places ou pour de l'argent, avec cette différence que l'un conserve l'estime publique et sa place, et que l'autre perd souvent sa place et l'estime publique.

468

Ne pouvant suivre ni s'opposer aux mauvais principes des rois , sans passer par la main du geôlier ou du bourreau, la cause du mal plus coupable que le fait , il faut avoir recours à la force brutale pour condamner le fait et protéger la cause , puisqu'il n'y a pas d'effet sans cause. Autrement, ne pouvant s'opposer à l'exemple du bien et pouvant le suivre tout en jouissant de l'estime publique , comment se fait-il que notre grand *Cousin* nous assure que *la force brutale est inséparable de la justice*[1] , *tout en nous disant que le pouvoir ne limite pas la liberté puisqu'il la développe et l'assure*[2], sans s'apercevoir que l'on nous accorde la licence pour la liberté, et que la licence et la force brutale nous font reprendre nos chaînes de force ou de bon gré. Donc, c'est le cas de dire que nous sommes gouvernés par l'ignorance, qui fait l'erreur et le crime, puisque les *Molé* sont dans le même cas, en publiant qu'il faut corrompre les peuples pour les gouverner.

469

Tous ceux qui ont prétendu *éclairer* le monde par leurs discours ou leurs écrits, peuvent être comparés à celui qui a un arbre toufu devant

---

[1] *Voy.* son cours de 1838, page 14, première leçon.

[2] Page 15, même leçon.

ses croisées ; donc, l'ignorant attend la chute des feuilles pour y voir, le sens commun coupe les branches, le bon sens l'arbre, et l'esprit du siècle la racine, puisque sans cause il n'y a pas d'effet.

470

Quand un député a promis aux électeurs de soutenir la cause du peuple, et qu'il trahit cette cause pour des places ou pour de l'argent, sans se compromettre avec le *vote secret*, il suffirait de faire une proposition pour voter à haute voix, pour reconnaître ceux qui veulent manger à deux râteliers, et ceux qui ont trahi leurs mandats.

471

Supposons que les députés nommés par tous ceux qui paient ne soient pas admis par l'abus du pouvoir, cela ne serait-il pas le cas de dire comme *Mirabeau* : « *Nous sommes ici par la volonté du peuple, nous n'en sortirons que par la puissance des baïonnettes?* » Bien que les baïonnettes tourneraient à notre avantage, comme dans nos trois jours de gloire, si un seul officier mettait son épée dans le fourreau, lequel devrait être récompensé, puisque la même action a élevé Philippe Ier au trône de France.

472

Supposons que celui qui a tout sacrifié pour

rendre les peuples plus heureux et meilleurs, soit le *rêve* d'une ombre ; n'est-ce pas une douce illusion que de travailler au bonheur de tout le monde ?

473

Pourquoi trouve-t-on rarement deux êtres unis par des qualités réciproques, bien que l'orgueil nous défend de vivre avec des gens qui valent moins que nous ? Parce que l'orgueil, qui nous défend de faire des concessions quand on se brouille avec son égal, fait que l'on vit souvent avec des gens de peu de qualité, parce qu'ils font des concessions pour se *réconcilier*.

474

Quand la force brutale fait la loi comme les bêtes féroces, la force et la vertu du matin étant souvent faibles et criminelles le soir, et le peuple payant continuellement les frais, soit qu'il perde ou qu'il gagne son procès, il faut défendre la *cause du peuple* avec les armes de la raison, par la seule chose qu'une mauvaise cause, comme celle des rois, ne peut triompher que par la ruse, la mauvaise foi et la force brutale.

475

Si la police est bien faite dans Paris, pourquoi les *voitures* bourgeoises ont-elles de plus petits numéros que les voitures de place, puisque les voitures de place sont mieux menées et vont moins vite que les tilburis qui écrasent tout le monde? Parce qu'en fait d'ordonnance ou de loi, on les fait moins à l'avantage des autres que pour soi, puisque le pauvre paie autant d'entrée pour une pièce de vin de trente francs que le riche pour une de mille.

476

L'égalité en tout est une chimère, bien qu'elle doive exister devant la loi, quand tout est accordé au mérite, et même quand le mérite reconnaissant pense plus pour nous que pour lui ; mais il n'y aura jamais égalité entre celui qui travaille bien et beaucoup , avec celui qui travaille mal ou pas du tout ; donc, *l'égalité est un rêve* , puisque l'égalité de richesses et de grandeurs, n'appartient qu'à l'égalité du juste , du courage et de l'esprit.

477

Si les fortunes mal aquises se trouve dans la haute classe , soit par la ruse ou la mauvaise foi, ou par le droit de succession aux richesses et grandeurs non méritées, l'homme de bien ne pouvant solliciter , pour être subordonné à des brebis galeuses, il faut *solliciter* des gens qui ne sollicitent pas, pour avoir des hommes justes et capables à la direction de l'état.

478

Les 99 sur cent payés par le trésor croiraient manquer à leur *devoir*, s'ils ne soutenaient pas ceux qui les paient. Et moi aussi je suis pensionné par l'état, mais le pouvoir me paie avec l'argent du peuple ; donc, je ne dois rien au pouvoir et tout au peuple, puisque le peuple paie toutes les dépenses de l'état et que le pouvoir ne débourse jamais du sien ; au contraire, ce sont des vols glorieux et innocents quand il détourne les deniers publics.

479

Quand on parle de ne plus salarier les *journalistes*, c'est avouer qu'ils étaient salariés ; mais comme les fonds secrets sont les mêmes, on ne croira à ces belles promesses que lorsque nos journalistes commenceront à parler de la véritable cause du mal et de son remède, en mettant le doigt sur la plaie qui afflige l'humanité.

480

Il est facile de reconnaître une vraie révolution d'avec des *émeutes* excitées par la police, puisque les curieux prennent la fuite quand la troupe s'avance contre une révolution, et que dans une émeute ils ont peur des pertubateurs, lesquels s'affaiblissent à chaque instant ; tandis que dans une révolution, plus ont tue de bourgeois plus il y en a ; non compris qu'il se présente beaucoup d'agents de police en uniforme et de soldats pour s'opposer à une révolution, et que l'on en voit peu quand la police déguisée fait feu aussi bien sur les bourgeois que sur la troupe.

481

Quel est le moyen de faire des *coups d'état* sans que le peuple s'y oppose ? Il suffit d'exciter la guerre civile en armant le fils contre le père, pour avoir des armées et des forteresses pour s'y opposer, de manière à pouvoir dire au peuple d'une grande ville : *Si tu bouges, je te brûle.* Bien que le peuple n'ose plus se rassembler quand il croit que les rassemblements sont excités par la police.

482

– D'où vient qu'il y a des gens plus braves les uns que les autres ? Parce que la vraie *bravoure* et la vraie gloire tiennent au bon sens qui ne craint pas de châtier le mal et récompenser le bien, malgré que le sens commun est plus poltron que les autres, vu que que sa cocscience lui dit de faire bien, quand le mauvais exemple lui dit de faire mal ; donc, les ignorants sont braves avec les poltrons et poltrons avec les vrais braves, pourquoi ? Parce qu'ils suivent l'exemple comme l'animal, sans s'inquiter si cela est bien ou si cela est mal.

483

S'il y a un sixième d'*impôt* sur le revenu des terres, un sixième sur le revenu des maisons, et plus d'un sixième sur tous les produits de la terre qui sont frappés d'impôt, l'abus du pouvoir s'emparant de la moitié de toutes les dépenses du riche comme du pauvre, il suffirait de courir aux élections pour faire plus avec trois francs que l'on ne fait avec six francs.

484

Il est bien dur pour le pauvre comme pour le riche de donner la moitié de son travail ou de son revenu au pouvoir, sans parler de patente, de contribution, de monopole et de toutes les industries qui sont frappées d'*impôt*. Cependant, comme la dette publique s'éteindrait et que l'on pourrait placer dans le commerce et sur l'état avec sécurité, si tous les contribuables voulaient être électeurs, la confiance rétablie, les terres, les maisons, et tous les produits de la terre diminueraient de moitié, tout en donnant la moitié de toutes nos dépenses au pouvoir.

485

Ne pouvant acquérir que des produits de la terre, pourquoi ne prélève-t-on pas toutes les dépenses de l'état sur les terres, puisque les propriétaires vendraient dans les proportions de leurs *contributions* ? C'est que dès l'instant que les contribuables seraient à même de connaître la recette, et par conséquent les dépenses, on ne pourrait plus détourner les deniers publics, ni avoir les salariés dans sa manche.